SEGEN – HERBERGE IN UNWIRTLICHER ZEIT

Segen
Herberge in unwirtlicher Zeit

Texte und Schreibwerkstatt von Hanna Strack
Scherenschnitte von Adelheid Strack-Richter
Hanna Strack Verlag Pinnow/Schwerin

Inhaltsverzeichnis

Hinführung zum Thema 5

Texte

Segen in Raum und Zeit 11

Segen für Menschen auf dem Weg 33

Ich segne dich! 59

Schreibwerkstatt 67

ISBN 3-929813-01-7
4. Auflage 1998

Gesamtherstellung: gwd Hans Venus, München
Druck 4. Auflage: Turo Print GmbH, Schwerin

Wer ein Fluch war,
wird erlöst,
daß er ein Segen werde.
Fürchtet Euch nicht!
Stärket Eure Hände!
Sacharja 8,13

Hinführung zum Thema

Segen ist das gute Wort, das Gutes bewirkt. Mehr noch: Segen ist das Wort, das Gottes Gegenwart herbeispricht. Die Situation, in die Gott hineingesprochen wird, ist unsere Lebenswirklichkeit: Sie ist Wandlung, Abschiednehmen, Neuanfang und Wagnis, ein Leben, zu dem der Tod gehört, das Scheitern, das Leiden und die Hoffnung, das Licht am Ende des Tunnels, der Sinn im Trotzdem.

In all diesen Bewegungen suchen wir eine Herberge, einen Ort, ein Zuhause. Offen sein für die Richtung, in die die Kompaßnadel weist und Freude über die Einkehr in der warmen Stube gehört zum Menschsein unverzichtbar hinzu. Wenn diese Herberge nicht da ist, weist eine innere Unruhe auf sie hin.

Der Segen ist ein besonderes Wort. Der Segen kann diese Herberge anbieten, sei es als geschriebenes Wort, sei es als Geste der Handauflegung. Dank der Sprache geschieht dabei zweierlei. Zum einen wird die Lebenswirklichkeit beim Namen genannt: die Wandlung, die Unruhe, die Hoffnung, der Sinn-Trotzdem. Und dann wird in diese Situation hinein »Gesegnet sei es« gesagt. Jetzt sind die wandernden Menschen für einen Augenblick eingekehrt. Sie wissen für eine kurze Zeitspanne, wo sie hingehören.

Diese Heimat nennen wir Gott. Einige der Segenstexte nennen diese Heimat auch Göttin. Warum? Es ist uns allen selbstverständlich, daß Gott Geist und Liebe ist, eine Kraft, die nicht männlich und nicht weiblich ist. Doch wir brauchen Bilder, nicht um sie anzubeten, sondern um uns mit ihnen der Gottheit zu nähern. Sie sind das Tor, durch das dieser Geist, diese Kraft und Liebe zu uns kommen.
Wir finden für die Gottheit eine Fülle von Bildern in der Bibel und in den Gebeten der Christenheit: Hirte, Vater, Mutter, Adlermutter, Richter, Herrscher, Berg und Hügel, Wasser des Lebens, Sonne der Gerechtigkeit ...

Unser inneres Auge sieht mit, wenn wir diese Bilder hören oder lesen. Das innere Auge »sieht« und sättigt die Seele. Es sieht männliche und weibliche Bilder für Gott und natürlich auch Natur- und Berufsbilder. Es speist damit das Herz mit den Kräften, die diese Bilder in uns wach rufen. Aus diesem Grund sollen nicht nur männliche, sondern auch weibliche Bilder in uns entstehen.

In Bildern – Symbolen – spricht unsere Sprache auch die Lebenswirklichkeit aus. So haben die irischen Segenstexte gerade deshalb ein großes Echo gefunden, weil sie unsere vielfältigen Lebenserfahrungen in Bildern vom Weg, von Sonne und Regen, vom Licht und den Sternen eingefangen haben.
In der Hebräischen Bibel finden wir außerordentlich viele Hinweise dafür, daß die Menschen sich gegenseitig segneten, noch bevor der Segen ganz vom Kult und Gottesdienst übernommen wurde. Dabei fallen ganz unterschiedliche Segenstexte ins Auge.

Sehr alte Segensworte weisen dem Menschen einen Ort zu zwischen Himmel und Unterwelt auf der Erde, die ihn ernährt:

Gesegnet ist dein Land
mit dem Köstlichsten vom Himmel droben,
und mit der Flut, die drunten liegt,
mit dem Köstlichsten, was die Sonne hervorbringt,
und mit dem Köstlichsten, was die Monde erzeugen,
mit dem Besten uralter Berge
und mit dem Köstlichsten der ewigen Hügel,
mit dem Köstlichsten der Erde und ihrer Fülle.

5. Mose 33,13-16

Andere Segenstexte sprechen das Problem an, das damals das dringlichste war, die Notwendigkeit, Nachkommen zu haben: »Dein Same soll so zahlreich sein wie die Sterne am Himmel.«

Warum das? Für die Besitzer von Viehherden war es überlebenswichtig, Kinder zu haben, die die Herden beieinanderhalten und die den Alten Nahrung und Wohnung ermöglichen sollten. Diesem Ziel dienten auch die Frauen und da die Hebräische Bibel in einer patriarchalen Gesellschaftsordnung geschrieben wurde, sind diese Segenstexte und ihre Adressaten, die Männer, besonders häufig anzutreffen.
Die Lebenswirklichkeit der Frau wird direkt angesprochen in einem Segen im 2. Buch Mose:

Ich werde dein Brot und dein Wasser segnen
und alle Krankheiten aus deiner Mitte hinwegnehmen.
Keine Frau wird fehlgebären oder unfruchtbar sein
in deinem Lande.
Ich werde die Zahl deiner Tage voll machen.

2. Mose 23,25+26 (Vgl. S. 69)

Und eine dritte Gruppe von Segensworten spricht in den Worten der Weisheit. Diese Lehre ist eine internationale geistig-religiöse Bewegung im Vorderen Orient gewesen. Sie beschreibt das menschliche Leben mit Bildern aus der Natur. Es geht ihr dabei immer darum, daß die Balance im Leben gefunden werde.

Der Gesegnete ist wie ein Baum,
am Wasser gepflanzt,
der seine Wurzeln zum Bach hinstreckt.
Denn obgleich die Hitze kommt,

fürchtet er sich doch nicht,
sondern seine Blätter bleiben grün.
Und er sorgt sich nicht,
wenn ein dürres Jahr kommt,
sondern bringt ohne Aufhören Früchte.

Jeremia 17,8 (Vgl. S. 48)

Die Segensworte, die ich selbst geschrieben habe, wollen Mut machen, eigene Lebenserfahrungen mit Gott zusammenzusehen, besser: Gottes Gegenwart mit ihnen in Verbindung zu bringen. Die Texte selbst sind aus diesem Wunsch heraus entstanden.
Die Schreibwerkstatt am Schluß kann eine Anleitung dazu sein, selbst Segen schreibend zu beten.

Segen und Segnen ist damit aus dem Gottesdienst herausgeholt und wieder direkt mit dem Leben verbunden worden. In der katholischen Kirche hat sich diese Praxis immer erhalten, Mütter haben ihre Kinder gesegnet. Eine andere Erinnerung daran ist der wunderbare Kinderreim, in dem viele Lebenserfahrungen verdichtet sind:

Heile, heile Segen,
drei Tag Regen,
drei Tag Sonnenschein,
und alles wird
wieder gut sein.

Mit diesen Worten und dem Streicheln haben Eltern Kinder getröstet. Der Reim verweist uns auf die Erkenntnis, daß alles seine Zeit hat, Zeit zum

Leid und Zeit zum Glück. Die Dreizahl will auch symbolisch verstanden sein als Zahl der Ganzheit: gänzliches Unglück – volles Glücklichsein.

Der Schluß verspricht mehr, als er halten kann. Das tut jeder Segen. Das hat aber seinen Sinn. Es erinnert an die Bilder vom Neuen Jerusalem im letzten Kapitel des Neuen Testamentes: die Goldene Stadt ist auf Edelsteinen erbaut, in ihrer Mitte ist das Wasser des Lebens und Bäume bringen heilende Blätter, Braut und Bräutigam (das Lamm), Weibliches und Männliches vereinigen sich. Diesem Bild ist auch der letzte der folgenden Segenstexte nachgedichtet. Der Sinn ist der: Die Verheißung der Vollkommenheit oder »daß alles wieder gut sei« gibt dem Heute, dem Hier und Jetzt die Qualität der Sicherheit und Geborgenheit. Die Wanderer auf dem Weg des Lebens sind in der Herberge eingekehrt, stärken sich und können mit neuer Kraft weitergehen.

Die folgenden Segensworte und die Scherenschnitte wollen diese Erfahrung weitergeben und für andere ermöglichen.
Sie laden auch ein, selbst kreativ zu werden, selbst zu schreiben und zu malen.

Segen
in Raum und Zeit

Segen im Weltall

Wir schwingen im Weltall
auf der Schiffschaukel.
Die Blumengöttin vor uns
lacht uns zu.

Mit kraftvollen Schwüngen
und Überschlag
und Jauchzen
und brausender Musik.

Wir sind alles in allem.
Wir sind mitten drin im Segen.

Neujahrssegen

Gott, sende die Weisheit, deine Vertraute, daß
sie mir das Tor zum Neuen Jahr weit öffne!
Gott, segne die Leidenschaft meiner Liebe
zu allem Lebendigen!
Gott, segne die Wut meiner Empörung über alles
Unrecht!
Gott, segne die Fantasie, die meine Taten beflügelt!
Gott, segne die Heilkraft meiner Worte und Hände!
Gott, segne die Klarheit meines Denkens!
Gott, segne den Schatten in meinem Wesen!
Gott, segne die große Weite meines Herzens!
Gott, sende die Weisheit, Deine Vertraute,
daß sie ein strahlendes Licht sei
bei Tag und in der Nacht!

Der Segen des Auferstandenen

Fürchtet euch nicht!
Euer Weg ist geebnet,
inmitten des Sterbens sollt ihr ihn gehen.

Fürchtet euch nicht!
Das Tor ist weit offen,
erhobenen Hauptes sollt ihr es durchschreiten.

Fürchtet euch nicht!
Jesus, der den Tod überwunden hat,
siegt strahlend gegen das Dunkel des Nichts.

Gott – du Schale

Gott – du Schale voll lebendigem Wasser
erfrische uns!
Gott – du Schale voll reifer Früchte
ernähre uns!
Gott – du Schale voll würzigem Brot
stärke uns!
Gott – du Schale voll hellem Licht
erleuchte uns!
Gott – du Schale voll brennendem Feuer
erwärme uns!
Gott – du Schale voll edler Steine
schmücke uns!
Gott – du Schale voll tiefrotem Wein
durchblute uns!
Gott – du Schale voll duftender Kräuter
erde uns!
Gott – du Schale voll heilendem Öl
salbe uns!
Gott – du Schale voll guter Erde
bedecke uns!

Pfingstsegen

Wie eine Taube
sendet die Weisheit
ihren Segen
auf ihre Töchter und Söhne.

Das Feuer entflammt
und der Geist blitzt auf.

Der Sturmwind
jagt altes Laub
durch bröckelnde Gemäuer.

Pfingsten spendet
Segen für neue Wege zu Gott!

Segen vom Berg herab über das Tal

Gesegnet die Wälder, Wiesen und Berge.
Gesegnet die Wohnungen der Menschen.
Gesegnet die Tiere, Pflanzen und Steine.
Gesegnet die Musikanten auf der Alm.
Gesegnet die Menschen in den Autos auf den Straßen.
Gesegnet die Menschen auf den Wanderwegen.
Gesegnet die Kinder, die hier aufwachsen.
Gesegnet die Arbeit von Frauen und Männern.
Gesegnet die Alten auf der Bank vor dem Haus.
Gesegnet die Toten auf den Friedhöfen der Dörfer.

Segen der vier Himmelsrichtungen

Der Segen des Südens
umschwinge dich mit warmer Atmosphäre,
mit kerniger Nahrung zum Leben.

Der Segen des Nordens
fordere deine Tatkraft heraus
und deine wilde Entschlossenheit.

Der Segen des Westens
entflamme deine Leidenschaften
– grenzenlos.

Der Segen des Ostens
sende sein Licht herab.
Er lasse klares Denken zu.

Segen über Wasser und Luft

Die Wälder leuchten in dunklem Grün,
sie spenden Luft zum Atmen für alles, was lebt.

Die Wolken türmen sich hinter den Bergen auf,
Quellen spenden Wasser zum Wachsen für alles,
was lebt.

Gottes Segen ruhe in den Wäldern und Wolken.
Gottes Segen fließe in den Quellen und im Wasser.

Segen über Brot und Wein

Das Korn in der Ackererde mußte sterben,
um Frucht zu bringen.
Die vielen Körner, gemahlen,
mit Sauerteig, Salz und Wasser
wurden zu Brot gebacken.

Gott segne das Brot.
Wir brauchen es zum Leben.

Der Weinstock trägt viele Reben.
Die Trauben wurden gekeltert,
gestampft, mußten gären,
um Wein zu werden.
Wir trinken ihn zur Versöhnung
und sagen: »Zum Wohlsein!«

Gott segne den Wein,
wir brauchen ihn zur Gemeinschaft!

Tischsegen

Gott segne unser Essen,
sofern es gesund ist
und gesund macht.

Gott segne unser Essen,
sofern es gerecht
bezahlt wurde.

Gott segne unser Essen,
sofern wir es niemandem
wegnehmen.

Teppich des Lebens

Das Weben des Lebens
beginnt im Mutterleib.

Das Weben des Lebens
endet, wenn der Faden
abgeschnitten wird.

Ein Faden wandert
durch die Kette,
ein Muster wird zum Bild.

Die Weberin webt
ihren Segen hinein
mit glutrot glitzerndem Faden.

Der Segen vom Wasser des Lebens

Das Wasser des Lebens
überschütte dich mit seinem Segen,
daß du trinkst und nicht dürstest,
daß alles um dich grünt und blüht!

Das Wasser des Lebens
tauche dich hinein in seinen Segen,
daß du fließest und nicht starr bist,
daß du dich tragen läßt
und nicht stark sein mußt!

Das Wasser des Lebens
entsetze dich durch seinen Segen,
daß du den Tod schaust und neu lebst,
daß du die Angst spürst
und Mut gewinnst!

Das Wasser des Lebens
und des Todes
und des Neuen Lebens
segne dich in allem, was du tust.

Gott – Du Gebärerin des Kosmos

Gott – Du liebevolle Hand
die Du über die Pflanze streichst
Gott – Du großes Lächeln
das sich in uns fortsetzt
Gott – Du mütterliche Zuwendung
Du nährst uns
Gott – Du grünende Pflanze
die wächst und duftet
Gott – Du dunkle Tiefe
Du gründest uns
Du erdest uns
Gott
ströme Deinen Segen auf uns aus.

Gesegnete Weihnacht

Die Wunden der Alleingelassenen
Der Schrecken der Arbeitssüchtigen
    vor den Feiertagen
Die Nachtschicht in der Telefonseelsorge
Die Alkoholkranken in den Kliniken
Die sich überfordernden Hausfrauen
Die dem allen entwachsenen Jugendlichen
Die Nicht-Familien beim Familienfest

Segne sie Gott,
nimm sie wahr!
Erlaß ihnen die Weihnachtsstimmung
Christi Geburt sei ihnen: TROTZDEM

Zum Jahresende

Die Zeit im vergehenden Jahr
war nicht Zeit von Minuten und Tagen.

Die Zeit im vergehenden Jahr
war Zeit der tiefsten Trauer,
war Zeit des höchsten Glücks,
war Zeit des Bangens um Frieden,
war Zeit des Bebens vor Wut,
war Zeit des erschöpften Ruhens
und Zeit des unbekümmerten Aufbruchs.

Die Zeiten sendest Du, Gott.
Du wirfst sie uns zu in unseren Schoß.
Du reißt sie uns fort aus unserer Hand.

So sahen wir Dein Angesicht
   im vergangenen Jahr.
So laß leuchten Dein Angesicht
   im Neuen Jahr.

Segen der Nacht

Straßenlaternen,
Reklamelichter scheinen noch.

Aber der Tag wird müde.
Die Nacht bringt Stille.
Nur du bist unruhig.

Gott, segne die hereinbrechende Nacht.
Gott, halte deine schützende Hand
über das klopfende Herz.
Gott, sende deine Engel,
daß sie die Schlafenden behüten.

Gott, bleibe du im Zimmer,
bis der Morgen graut.

Segen
für Menschen auf dem Weg

Sophia, Göttin der Weisheit, segne mein Tun!

Sophia, Göttin der Weisheit,
segne meine Balance!
Ich bin nicht vollkommen.
Ich schaffe nicht die heile Welt.
Ich bin nicht gehorsam.

Sophia, Göttin der Weisheit,
segne meine Einsicht!
Ich schaue auf die Ordnung der Tiere.
Ich bedenke die Folgen meines Tuns.
Ich kenne meine eigene Schwäche.

Sophia, Göttin der Weisheit,
Du Baum des Lebens,
Du Freundin der Menschen,
Du Licht auf dem Weg.

Segne meine Kinder,
laß sie trinken an Deiner Brust!

Der Segen Gottes
sei in Euch:
wie der Saft, der die Trauben erfrischend macht,
wie das Grün, das die Blätter kräftig macht,
wie das Blut, das die Menschen lebendig macht.

Der Segen des Christus
sei mit Euch:
wie der Faden, der durch das Labyrinth leitet,
wie der Pfeil, der den Weg weist,
wie der Steg, der durch das Gebirge führt.

Der Segen des Geistes
sei um Euch:
wie die Herberge, die die Wanderer aufnimmt,
wie die Luft, die den Vogel trägt,
wie der Schoß, der das Kind behütet.

Segen über dem Neugeborenen

Gott segne dich, mein Kind:

– möge das Wasser, das du trinkst,
  frei sein von Gift;

– möge die Straße, die du gehst,
  frei sein von Rasern;

– möge die Schule, die du besuchst,
  offen sein für deine Träume;

– möge die Familie, die du gründest,
  stark sein gegen Überforderung;

– möge der Tod, den du stirbst,
  frei sein von Gewalt;

– mögest du nie tiefer fallen
  als in Gottes Hand.

Gott segne dich, mein Kind!

Gott segne Schülerinnen und Schüler!

Gott zeige Euch den roten Faden
durch das Labyrinth des Lebens!

Gott gebe Euch den Instinkt
für gute Freundschaften!

Gott lasse Euch Rosen mit Dornen sein,
die schön sind, aber sich zu wehren wissen!

Gott lasse Euch Bäume sein,
die aus den Wurzeln Kraft ziehen
und allen Winden trotzen!

Gott lasse Euch Adler sein,
die aus den Schwierigkeiten
des Alltags zu den Höhen
des Glücks aufsteigen!

Gott segne Euch alle!

Segen für Stadt und Dorf

Gottes Segen wühle auf
den Staub in den Amtsstuben,
wo Leben und Schicksal verwaltet werden,
daß neue Türen zum sozialen Frieden
sich auftun.

Gottes Segen halte die Arme fest,
die Gewalt tun wollen
an Frauen und Kindern
und öffne ihre Faust zur grüßenden Hand.

Gottes Segen grüne in den Nahrungsmitteln,
die vom Lande kommen
und wirke Grün im Abwasser und Müll,
daß der Kreislauf Leben fördere
und nicht zerstöre.

Gottes Segen wehe in der Luft
um Häuser und Straßen,
wo die leisen Zeichen der Freude
wie Blüten erröten.

Gottes Segen öffne sich allen,
die Lieder, Farben, Tänze entwerfen,
die die Gefängnisse der Zu-Tüchtigen öffnen
zum großen Fest.

Segen für den Sohn, der erwachsen wird

Du atmest die Luft zum Leben
in Deinem Freundeskreis.
Du offenbarst Deine innersten Beweggründe
Deiner Geliebten.
Du suchst Deinen Berufsweg
im Dickicht der Angebote.
Du erlebst Abenteuer.
Du träumst vom Reisen.
Du trauerst und holst Trost in der Musik.

Gott segne Dich,
er schaue Deinen Wegen
groß und gelassen zu!

Metamorphose

Gott ist mit dir im Wandel!
Du warst eine Raupe
unauffällig im Garten
angepaßt in den Farben
leicht zu zertreten.

Gott ist mit dir im Wandel!
Du warst eine Puppe
verschlossen in deinem Ich
kalt nach außen,
einsam, ruhig.

Gott ist mit dir im Wandel!
Du bist jetzt ein Schmetterling,
leicht tragen dich deine Flügel,
anmutig die Zeichnung darauf.
Nahrung saugst du
aus farbenfrohen Blüten.

Gott ist mit dir im Wandel!

Segen für einen Führerscheinneuling

Du bist so jung.
Die Straßen sind übervoll von Autos.
Da sind die schlechten Fahrer.
Du – jetzt mit Führerschein!
Fahr zurückhaltend!
Wie kann Gott Dich schützen?

Du bist so schön!
Die Unfälle sind schrecklich und blutig.
Da sind die berauschten Fahrer.
Du – jetzt mit Führerschein!
Fahr aufmerksam!
Wie kann Gott Dich segnen?

Du bist so beliebt.
Die Folgen der Unfälle sind entsetzlich.
Da sind die gefährlichen Raser.
Du – jetzt mit Führerschein!
Fahr behutsam!

Ja, Gott soll Dich schützen!
Ja, Gott segne Dich!

Segen für eine junge Diabetikerin

Der Schock:
Ich habe Zucker!
Unvorstellbar:
Soll das niemals aufhören?
Unbegreiflich:
Wie kann ich damit leben?

Du, junge Frau,
Gottes Segen
durchströme Dich,
öffne Dir Deinen Weg,
schärfe Deinen Blick!

Du, junge Frau,
Gottes Segen bleibe immer bei Dir!

Nimm alle Hilfen wahr!
Behalte Dein Ziel vor Augen!
Beuge Dich nicht!
Dein Leben ist voll Sinn und Freude!

Segen für Aschenputtel

Die Göttin lege ihren Segen auf Aschenputtel:
In der Asche gib ihr Hoffnung
In der Familie gib ihr Wut
Am Grab der Mutter gib ihr ein neues Kleid!

Die Göttin lege ihren Segen auf die Königin:
In der neuen Rolle gib ihr Zuversicht
In den neuen Schuhen gib ihr Freiheit
In der neuen Beziehung gib ihr Sicherheit!

Die Göttin segne alle
Aschenputtelfrauen,
sie sollen Königinnen werden!

Hochzeitssegen

Gott segne Euch
mit seiner Liebe,
daß Ihr einen Grund habt,
auf dem Ihr gehen könnt.

Gott segne Euch
mit der Liebe zu allem Lebendigen,
daß Menschen, Tiere und Pflanzen um Euch
Luft zum Atmen haben.

Gott segne Euch
mit der Liebe zueinander,
daß Ihr das Haus Eurer Heimat
lebensfroh gestalten könnt.

Gesegnet bist Du, meine Freundin!

Du bist wie ein Baum
am Wasser gepflanzt,
Deine Wurzeln streckst Du
zum Bachlauf hin.

Du bist ohne Angst
bei Hitze,
Deine Blätter bleiben grün.

Du bist ohne Sorge
bei Dürre,
Deine Früchte sind ohne Zahl.

Segen für Frauen

Gottes Segen komme zu uns Frauen,
daß wir stark sind in unserer schöpferischen
Kraft, daß wir mutig sind in unserem Recht.

Gottes Segen komme zu uns Frauen,
daß wir Nein sagen, wo es nötig ist,
daß wir Ja sagen, wo es gut ist.

Gottes Segen komme zu uns Frauen,
daß wir schreien, wo unrecht ist,
daß wir schweigen, wo Entsetzen ist.

Gottes Segen komme zu uns Frauen,
daß wir Weisheit suchen und finden,
daß wir Klugheit zeigen und geben.

Gottes Segen komme zu uns Frauen,
daß wir die Wirklichkeit verändern,
daß wir das Lebendige fördern.

Daß wir Gottes Mitstreiterinnen sind auf Erden!

All – Tag – Segen

Segen ruhe auf
der alltäglichen Hausarbeit
KochenWaschenBügelnPutzen

Segen ruhe auf
den nach Gestalt drängenden
sprühenden Ideen

Segen ruhe auf
der Treue zu den Pflichten
jahrzehntelang

Segen ruhe auf
dem Abbrechen und Neubeginnen
mit dem Mut der Verzweiflung

Segen ruhe auf
der Sicherheit der Starken

Segen ruhe auf
der Sensibilität der Närrinnen und Narren.
So sei es!

Segen am Ende einer Familientherapie

Wir saßen auf einem Floß
Wir fuhren auf einem reißenden Fluß
Wir stürzten über Stromschnellen

Immer wieder fiel einer ins Wasser
Wir holten ihn / sie heraus

Jetzt steuern wir ruhigeres Wasser an

Möge die Sonne scheinen
Möge auf dem Floß
Die Friedenspfeife kreisen

So segne Gott unsere Zukunft
So segne Gott die Zukunft
unserer Kinder und Kindeskinder!

Segen über einer alten Frau

Gott segne die Jahre Deines Lebens.
Gott schaue auf die Jahre der Fülle
und die Jahre der Not.
Gott tanze mit der Freude Deiner Jugend.
Gott lächle über die Blüten Deines Humors.
Gott weine mit Dir in Deiner Trauer und
Verlassenheit.
Gott hege und bewahre Deine Träume und
Hoffnungen.
Gott streichle sanft über Deine faltigen
Wangen.
Gott höre Deinen Phantasien leise zu.
Gott zürne über die bösen Angriffe gegen
Dich.
Gott heile Deine tiefen Verwundungen.
Gott höre, was Du anderen angetan hast.
Gott nehme Dich liebevoll in die Arme.
Gott führe Dich in sein Reich der Liebe.

Segen für eine Verwirrte

Die Mühen des langen Lebens
suchen einen Fluchtweg.
Die Spannung bricht zusammen.
Erinnerungen und Bilder
laufen jetzt unaufhaltsam
durch das Zimmer.
Um dich scharen sich
Eulen, Füchse, Katzen
und ganz kleine Kinder.
Leise mahnen deine Lippen:
»Da brauchst du viel Geduld!«

Gott segne deine Verwirrung!
Gott segne die Tiere und Menschen,
die deinen Raum bevölkern.
Freude sollen sie bringen,
nicht Angst.

Perlenzeiten

Im Dunkel der Schale der Muschel
verschlossen
Am Leiden reift und wächst
die Perle
in das Licht
strahlender Kostbarkeit

Gesegnet die Zeit
der schmerzenden Wunden
Gesegnet die Zeit
der reinen Freuden

Ekstase – Segen

Musik, Trommeln, Tanzen
steigern die Erregung,
vertiefen den Atem,
öffnen die Seele.

Musik, Trommeln, Tanzen
lassen schweben,
bringen außer sich,
lassen Neues erfahren.

Musik, Trommeln, Tanzen
durchfahren den Körper,
durchstöbern die Sinne,
durchrütteln das Hirn.

Musik, Trommeln, Tanzen
sind Bahnen des Segens,
der höher ist als alle Vernunft.

Tanz – Segen

Tanzend durchschreite die Räume,
Schwingend durchspringe die Lüfte,
Stampfend rufe die Geister,
Hüpfend genieße die Gräser,
Schleifend ertaste den Boden,
Keuchend verlasse das Denken,
Schwitzend spüre den Körper!

So durchtanze das Haus dieser Erde –
So seien gesegnet Tänzerinnen und Tänzer!

Ich segne dich!

Ich segne Dich!

Ich segne Dich mit dem Segen
der zärtlichen Göttin,
die Dich wahrnimmt.

Ich segne Dich mit dem Segen
des Halt spendenden Gottes,
der Dich leitet.

Ich segne Dich mit dem Segen
der wohltuenden Weisheit,
die Dich klug handeln läßt!

Segen der guten Gedanken

Ich öffne die Schleusen meiner
Lebenskräfte
und lasse sie strömen
auf Dich hin.

Ich segne Dich!

Ich will Dich anstecken
mit guten Gedanken,
weil sie Dir wohl tun.

Ich segne Dich!

Ich will die Liebe der Göttin
für Dich anrufen,
denn sie gibt Dir Mut
zum Leben und zum Sterben.

Ich segne Dich!

Treue – Segen

Die Seele ist zerstückelt
sie flattert zwischen
Häusern und Ländern

Sie sucht nach dem
Ewigen Du –

Dunkle Schleier
legen Schatten auf den Weg

Der Fuß sucht vergebens
den nächsten Schritt –

Die Weherufe des
gequälten Ichs
bleiben hängen
ohne Echo –

Der Segen des Grundes
wartet und schweigt –

Ich trete an die Stelle
des abwesenden Gottes.

Ich segne Dich
und
bleibe Dir treu.

Du bist ein Segen

Du stehst in der Mitte
Du hältst die Balance
Du weißt um die Tiefe
Du rechnest mit Gott
Du glaubst über den Tod hinaus
Du bist kein Heiliger
Du kennst Deine Grenzen
Du stellst Dich in den Dienst
der gerechten Sache

Gottes Segen ruhe in Dir
Gottes Segen umspiele Dich
Bleibe Du ein Segen!

Segen des Neuen Jerusalem

Der Segen Gottes erstrahle in uns
wie der Kristall,
der uns mit Klarheit erhellt.

Der Segen Christi ruhe in uns
wie der Jaspis,
dessen Rot uns erwärmt.

Der Segen des Geistes wirke durch uns
wie der Smaragd,
dessen Grün uns lebendig erhält.

Schreibwerkstatt: Segen

Die Maler der russischen Ikonen waren der Auffassung, daß ihr Malen Beten sei. So verstehe ich das Schreiben der Segenstexte als ein Herbeirufen Gottes, als ein Beten. Wer Segensworte in seinen oder ihren Gedanken aufsteigen läßt und um Worte ringt, ist Gott nahe.

Alle Menschen, die schöpferisch sind, suchen und finden eine bestimmte Zeit und gewisse äußere Bedingungen, die sie kreativ sein lassen: die frühen Morgenstunden, nachts ohne Schlaf, auf Wanderwegen oder im Intercity.

Ich stelle jetzt die fünf Wege vor, die zu Segenstexten führen können und nenne dies Schreibwerkstatt.

I. Wir fangen die lebendige Vielfalt alles dessen, was wir erleben, ein und sprechen ihr Gottes Segen zu: Landschaft, Tiere ... Wir beschreiben etwas aus diesem Leben und setzen darunter: so segne Gott ... oder wir schreiben: Gott segne ...

II. Wenn in der Lebenswirklichkeit große Spannungen zwischen Wunsch und Wirklichkeit bestehen, nennen wir beides beim Namen. Gerade hier hinein komme Gott mit seinem Segen!

III. Wir nehmen die Bilder des inneren Auges: Licht, Wasser, Tür, Weg ... für Erfahrungen des Lebens – Geburt und Tod, Veränderungen. Beim Schreiben wählen wir die Bilder und meinen die Erfahrungen. Solches tun auch die beliebten irischen Segenstexte. »Möge der Wind Deinen Rücken stärken.« Wir können schreiben: Gottes Segen begleite ...

IV. Ein großer Reichtum liegt in den biblischen Texten und Bildern. So z. B. im Gleichnis vom Schatz im Acker, Mt 13,44. Wir hören erst die Erzählung nach ihrer Botschaft ab. Dazu bedarf es viel Offenheit, Gespräche mit Freunden, Unbekümmertheit gegenüber der theologischen Wissenschaft. Wir schließen die Augen und lassen die Bilder sich bewegen. Dann erkennen wir die Kraft des Gleichnisses und seine Botschaft.

Nun ist es gut, die trinitarische Form zu wählen: Der Segen Gottes, der Segen Jesu Christi, der Segen des Heiligen Geistes, oder der Segen der Weisheit ...
Daraus kann sich folgender Text ergeben:

So segne Euch Gott
mit dem Schatz, den er Euch schenkt.
So segne Euch Christus
mit dem Schatz, den er Euch entdeckt.
So segne Euch der Heilige Geist
mit dem Schatz, den Ihr weitergebt. Amen

V. Wir wählen einen alttestamentlichen Segen aus und schreiben ihn neu für unsere Zeit. Dazu eignen sich die in der Einleitung erwähnten Texte und Psalm 128.
Der folgende Segen ist die Nachdichtung von 2. Mose 23,25+26. (Vgl. S. 8)

Segen für Frauen von Kiew.

Wir segnen Euch, Ihr Frauen von Kiew,
wir stehen Euch bei.
Euer Brot ist verseucht,
das Wasser belastet,
eure Kinder erkranken an Leukämie.
Wir segnen Euch, Ihr Frauen von Kiew,
wir stehen Euch bei.
Fehlgeburten drücken Euch nieder,
kranke Kinder müßt Ihr gebären,
Eure Lebensjahre sind gezählt.
Gott segne Euch, Ihr Frauen von Kiew,
Gott stehe Euch bei.
Gott sammle Eure Hoffnungen
und säe eine neue Saat.

VI. Ich segne Dich! Diese Form der Segensworte bringt zum Ausdruck, daß wir als Ebenbild Gottes die Würde und Macht haben, zu segnen und ein Segen zu sein. Damit sind wir gewissermaßen der Resonanzboden des göttlichen Segens: Wir bringen ihn zum Schwingen. Es ist wichtig, die Lebenswirklichkeit genau beim Namen zu nennen. Es ist wie bei einer Kamera, deren Objektiv genau eingestellt wird.

VII. Einige meiner Segenstexte habe ich geschrieben im Anschluß an eine ekstatische Erfahrung, wie sie die Tanzpädagoginnen Kaye Hofmann und Uta Maria Köninger mir ermöglicht haben. Für uns in Europa bedeutet Ekstase nicht, daß wir das Bewußtsein verlieren. Durch Trommeln und Tanzen werden sehr tiefe Bilder wachgerufen, die im Gleichmaß des Alltags eingeschlafen sind.

VIII. Eine besondere Freude bereiten die Segenstänze. Das Lied: »Bewahre uns Gott, behüte uns Gott, sei mit uns auf unseren Wegen, sei Quelle und Brot in Wüstennot, sei um uns mit Deinem Segen« wird im Kreis geschritten, dann in die Mitte hinein und zuletzt um sich selbst.
Experimentieren Sie mit Gebärden! Erfinden Sie einfache Schritte zu ruhiger 4/4-Taktmusik! Gehen Sie eine liegende Acht, das Zeichen für Unendlichkeit!

Den Anstoß zur Beschäftigung mit dem Thema Segen gab mir das Buch meines Lehrers Claus Westermann: »Segen in der Bibel und im Handeln der Kirche«, das in der Reihe Kaiser-Taschenbücher 1992 neu aufgelegt wurde.
Im Frauen Kirchen Kalender werden jedes Jahr Segenstexte für den ersten Sonntag im Monat gedruckt. Vielleicht hat eine Leserin Texte, die sie uns dazu einschicken möchte. Bitte schreiben Sie an: Hanna Strack, Lärchenstr. 15, 85604 Zorneding. Vielen Dank!

Die Autorinnen:
Hanna Strack, geb. Heinrich, * 1936, Studium der Theologie, 1965 ordiniert zur Pfarrerin der badischen Landeskirche, Familienfrau, Religionslehrerin, Herausgeberin des Gottesdienstbuches »Den Schatz heben«, zur Zeit beurlaubt, gründete den Magdalena Verlag, Mitautorin des Frauen Kirchen Kalenders, arbeitet an einer Dissertation zum Thema Segen.
Adelheid Strack-Richter, * 1941, Studium an der Kunstakademie Berlin, Germanistikstudium, Promotion über Marie Luise Kaschnitz, Familienfrau, Lektorin an der Wilfried-Laurier-University in Waterloo, Kanada.